I0814136

Mes premiers livres de science
Les scientifiques
ÉTUDIENT NOTRE MONDE
Harold Morris
Un livre de la collection
Les jeunes plantes de Crabtree
CRABTREE
Publishing Company
www.crabtreebooks.com

Soutien de l'école à la maison pour les parents, les gardiens et les enseignants

Ce livre aide les enfants à se développer grâce à la pratique de la lecture. Voici quelques exemples de questions pour aider le lecteur ou la lectrice à développer ses capacités de compréhension. Les suggestions de réponses sont indiquées en rouge.

Avant la lecture

- De quoi ce livre parle-t-il?
    - *Je pense que ce livre parle des scientifiques.*
    - *Je pense que ce livre parle de notre monde.*

- Qu'est-ce que je veux apprendre sur ce sujet?
    - *Je veux savoir s'il est difficile de devenir un scientifique.*
    - *Je veux en apprendre davantage au sujet de la planète Terre.*

Pendant la lecture

- Je me demande pourquoi...
    - *Je me demande pourquoi il existe de si nombreux types de scientifiques.*
    - *Je me demande pourquoi il faut aller à l'école pour devenir un scientifique.*

- Qu'est-ce que j'ai appris jusqu'à présent?
    - *J'ai appris que la géologie est l'étude de notre Terre et de sa composition.*
    - *J'ai appris que la Terre a plus de 4 milliards d'années.*

Après la lecture

- Nomme quelques détails que tu as retenus.
    - *J'ai appris que les dinosaures ont vécu sur la Terre pendant environ 180 millions d'années.*
    - *J'ai appris qu'un météorologue étudie la météo.*

- Lis le livre à nouveau et cherche les mots de vocabulaire.
    - *Je vois le mot* ***observation*** *à la page 4 et les mots* ***en voie de disparition*** *à la page 10. Les autres mots de vocabulaire se trouvent aux pages 6, 8, 14, 18, 20 et 22.*

Table des matières

Que font les scientifiques?

Les scientifiques étudient notre monde. Comme les scientifiques, nous pouvons découvrir notre monde par l'**observation** et l'expérimentation.

observation (ob-ser-va-ssion) : examiner en regardant attentivement

Apprenons-en davantage au sujet de la science et des scientifiques!

La biologie (bio-lo-ji) :

La biologie est l'étude **scientifique** de TOUT ce qui vit.

Grâce aux biologistes, nous savons beaucoup de choses sur les humains, les plantes et les animaux.

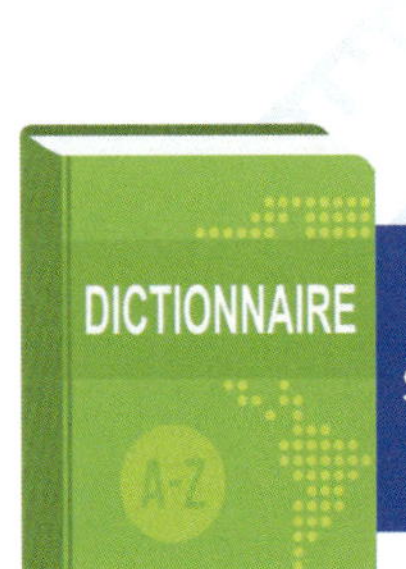

scientifique (ssi-an-ti-fik) : fondé sur la science

Tu peux être biologiste!

La chimie (chi-mi) :

La chimie est l'étude scientifique des **substances**. Les chimistes étudient la composition des substances et leurs interactions entre elles.

Grâce aux chimistes, nous avons des médicaments vitaux, comme la pénicilline.

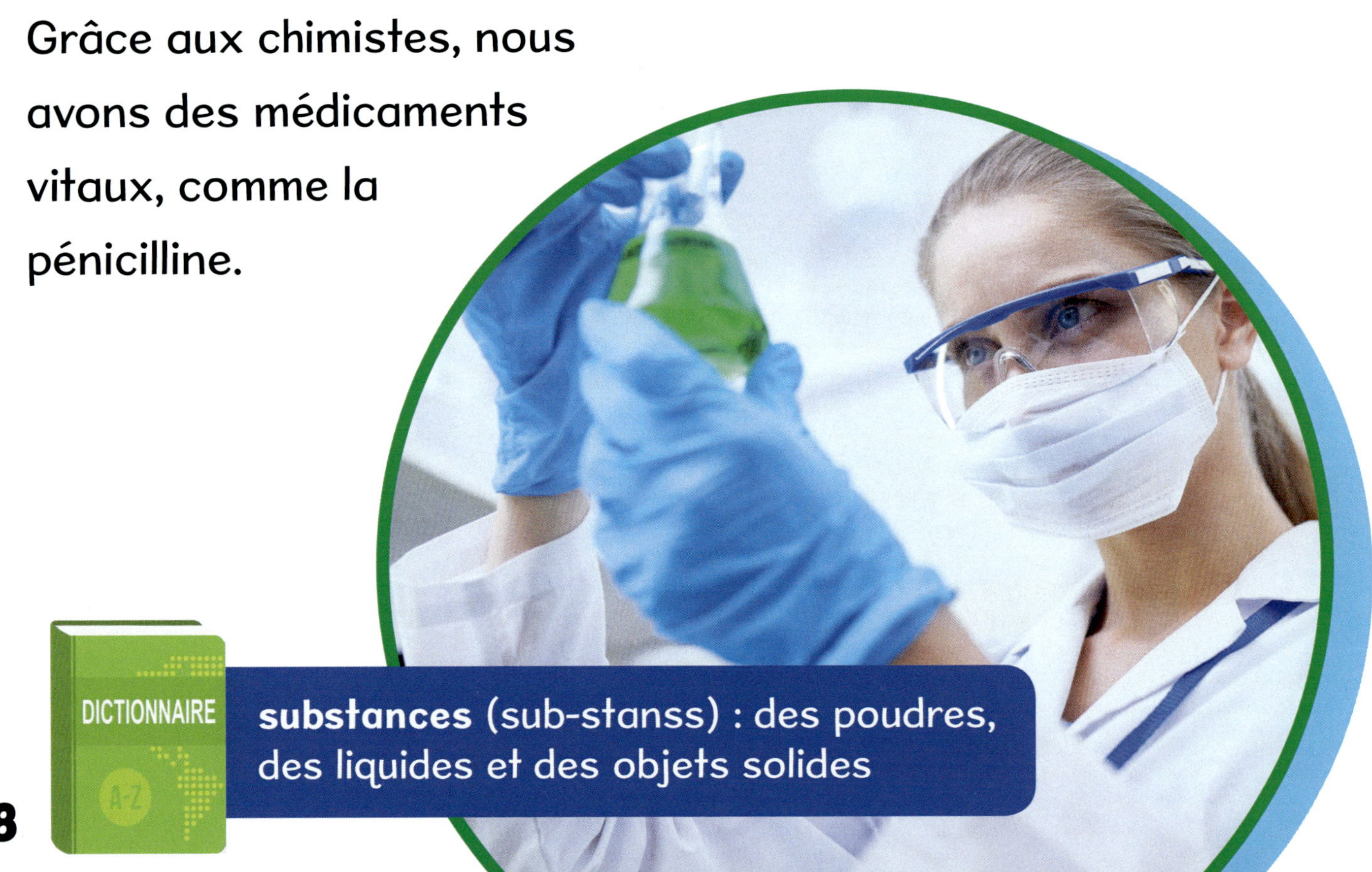

DICTIONNAIRE

substances (sub-stanss) : des poudres, des liquides et des objets solides

Tu peux être chimiste!

L'océanographie (o-ssé-a-no-gra-fi) :

L'océanographie est la science qui étudie les océans ainsi que les plantes et les animaux qui y vivent.

Grâce aux océanographes, nous savons quelles plantes et quels animaux de l'océan sont **en voie de disparition** et comment les aider.

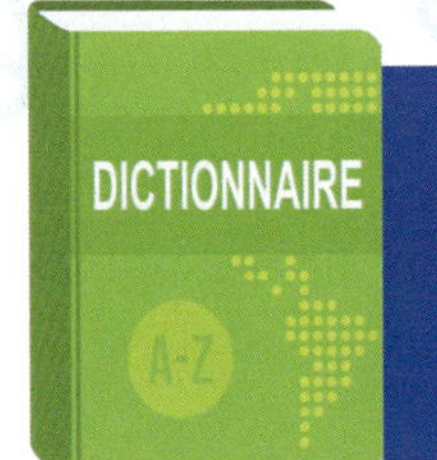

en voie de disparition (en voa de diss-pa-ri-ssion) : plante ou animal en danger de ne plus avoir de membre vivant

Tu peux être océanographe!

L'astronomie (ass-tro-no-mi) :

L'astronomie est l'étude scientifique des étoiles, des planètes et de l'espace.

Grâce aux astronomes, nous savons maintenant qu'il y a huit planètes dans notre système solaire, et des milliards de systèmes solaires dans l'univers.

Tu peux être astronome!

La botanique (bo-ta-nik) :

La botanique est l'étude scientifique des plantes. On l'appelle aussi *biologie végétale*.

Grâce aux botanistes, nous savons que les plantes utilisent la **photosynthèse** pour produire leur propre nourriture.

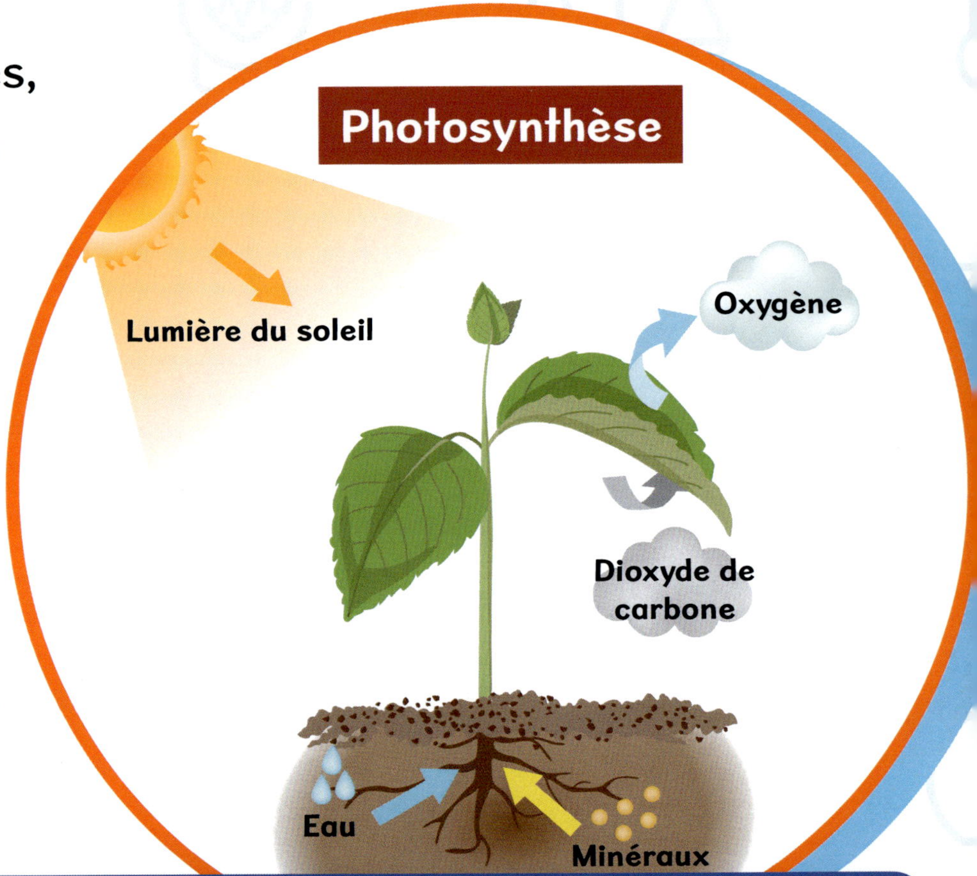

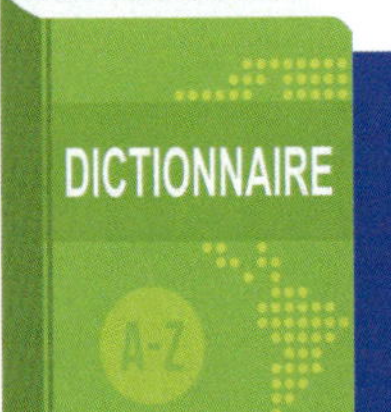

photosynthèse (fo-to-ssin-tèze) : un processus que les plantes utilisent pour produire de la nourriture au moyen de la lumière du soleil, de l'eau et du dioxyde de carbone

Tu peux être botaniste!

La géologie (jéo-lo-ji) :

La géologie est l'étude scientifique de notre Terre, pour connaître sa composition et son fonctionnement.

Grâce aux géologues qui étudient et examinent les rochers, nous savons que la Terre a plus de 4 milliards d'années!

Tu peux être
géologue!

La paléontologie (pa-lé-on-to-lo-ji) :

La paléontologie est la science qui étudie les fossiles et les autres formes de vie **anciennes.**

Grâce aux paléontologues, nous savons que les dinosaures ont vécu sur la Terre pendant environ 180 millions d'années.

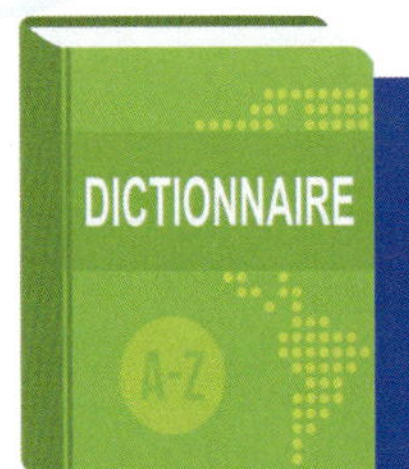

anciennes (an-ssi-ène) : qui appartiennent au passé; dans ce cas, la période *préhistorique*

Tu peux être paléontologue!

La météorologie (mé-té-o-ro-lo-ji) :

La météorologie est l'étude de l'**atmosphère,** du climat et de la température de la Terre.

Grâce aux météorologues, nous connaissons la température quotidienne et savons quand une tempête dangereuse approche.

atmosphère (at-moss-fèr) : la couche de gaz qui entoure une planète

Tu peux être météorologue!

L'écologie (é-ko-lo-ji) :

L'écologie est l'étude de la relation entre les plantes, les animaux et leur **environnement**.

Grâce aux écologistes, nous comprenons comment prendre soin de notre Terre.

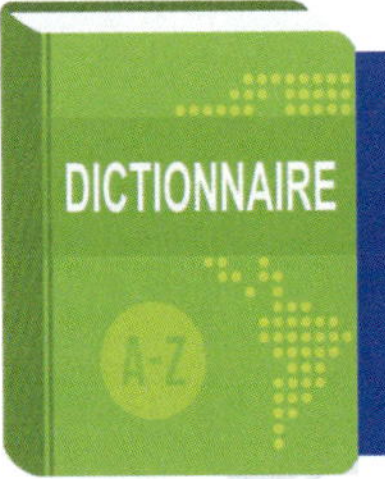

environnement (an-vi-ronn-man) : le monde naturel de la terre, de la mer et de l'air

Tu peux être écologiste!

INDEX

Crabtree Publishing Company
www.crabtreebooks.com 1–800–387–7650

Version imprimée du livre produite conjointement avec Blue Door Education en 2021.

Références photographiques : COUVERTURE : istock.com | LightField Studios, illustrations de veekicl istock.com. P. 2-3 : istock.com | ajr_images. P. 4-5 : istock.com | shironosov, shutterstock.com | Ilike. P. 6-7 : shutterstock.com | pixelrain, shutterstock.com | wavebreakmedia. P. 8-9 : istock.com | scanrail, shutterstock.com | Elena Nichizhenova. P. 10-11 : shutterstock. com | Nicole Helgason, istock.com | Bicho_raro. P. 12-13 : istock.com | Stolk, shutterstock.com | AlohaHawaii. P. 14-15 : shutterstock. com | Jakinnboaz, istock.com |romrodinka. P. 16-17 : istock.com | buranatrakul, istock.com | robertprzybysz. P. 18-19 : shutterstock.com | ermess, shutterstock.com | all_about_people. P. 20-21 : shutterstock. com | Rawpixel.com, Michael Gray | Dreamstime.com. P. 22-23 : istock.com | Highwaystarz-Photography, istock. com | tatyana_tomsickova.

Imprimé au Canada/102021/CPC

Auteur : Harold Morris
Coordinatrice à l'impression : Katherine Berti
Traduction : Annie Evearts

Publié au Canada par Crabtree Publishing
616 Welland Ave.
St. Catharines, ON
L2M 5V6

Publié aux États-Unis par Crabtree Publishing
347 Fifth Ave
Suite 1402-145
New York, NY 10016

Catalogage avant publication de Bibliothèque et Archives Canada

Titre: Les scientifiques étudient notre monde / Harold Morris ; texte français d'Annie Evearts.
Autres titres: Scientists study our world. Français.
Noms: Morris, Harold, auteur.
Description: Mention de collection: Mes premiers livres de science | Les jeunes plantes de Crabtree | Traduction de : Scientists study our world. | Comprend un index.
Identifiants: Canadiana (livre imprimé) 20210276185 | Canadiana (livre numérique) 20210276223 | ISBN 9781039608894 (couverture souple) | ISBN 9781039608948 (HTML) | ISBN 9781039608993 (EPUB)
Vedettes-matière: RVM: Sciences—Orientation professionnelle—Ouvrages pour la jeunesse. | RVM: Scientifiques—Ouvrages pour la jeunesse. | RVMGF: Documents pour la jeunesse.
Classification: LCC Q147 .M6714 2022 | CDD j502.3—dc23